ENRIQUE GRANADOS

DANZAS ESPAÑOLAS

TRANSCRIPCION PARA GUITARRA POR

JOSE DE AZPIAZU

UNION MUSICAL EDICIONES S.L.

Las "danzas" de Granados, con su arrebatada emoción y su agudo poder evocativo, trasunto de una naturaleza de músico singular, cuentan entre las mas preciosas páginas de la música española. Música de la que Debussy decía que nos persigue como ciertos perfumes, mas persistentes que intensos. Granados pertenece a esa estirpe de poetas del sonido que procede de Schumann y de Chopin, hermanos mayores de esa hermandad espiritual en cuyo cortejo forman Grieg y Fauré, viajeros por el pais del ensueño, por donde vagan, errantes, sus almas.

El acento español, inconfundible y personalisimo de estas Danzas, la expresión íntima cuajada en ellas, ha hecho que los guitarristas sintieran la tentación de transponerlas a la guitarra. No era empresa fácil, sin embargo. De todos los intentos realizados en ese sentido, solo Llobet había logrado en sus admirables transcripciónes de las danzas números 5, 10 y la "valenciana" salir triunfante del problema que entraña meter en el mástil de la guitarra la figuración gráfica pianística que Granados las diera.

El profesor Azpiazu aborda ahora la transcripción de todas ellas y pone a prueba en su trabajo su conocimiento de los recursos expresivos y sonoros de la guitarra, y una rara habilidad bien acreditada y manifiesta en múltiples transcripciones anteriores.

Sin alterar el carácter y peculiar intención expresiva, Azpiazu encuentra la justa equivalencia sonora a los rasgos armónicos y ornamentales, a las pintorescas fórmulas con las que Granados plasma estas fugitivas, vivas y coloreadas imágenes de España.

Granados' Spanish Dances, with their strong emotional and evocative musical power, count amongst the most important works of Spanish music. Debussy likened the music to perfume which pursues us in a way "more persistent than intense." Granados belongs to the line of romantic composers who, from Schumann and Chopin through Grieg and Faure, express themselves in a world of spiritual dreams where the soul is free.

The unmistakable Spanish flavour of these Dances and their intimate style has tempted guitarists to transcribe them for the classical guitar. This has not been an easy task. There have been many attempts to try and capture the characteristics, yet Llobet achieved this in his fine transcriptions of the dances No. 5, 10 and the *Valenciana*. These show a triumphant solution to the problem of turning Granados' pianistic notation into a piece suited to the techniques of the guitar.

Professor Azpiazu's transcriptions also reveal his knowledge of the expressive and sonorous resources of the guitar so evident in his many previous transcriptions.

Without changing the expressive feeling, Azpiazu finds the exact resonances for the harmonies, ornamental flourishes and detailed forms, for which Granados creates these fervent, vivid and colourful images of Spain.

INDICE

A la Srta. Doña Amparo Gal

DANZA ESPAÑOLA
Nº 1

TRANSCRIPCION PARA GUITARRA POR
JOSE DE AZPIAZU

GALANTE

E. GRANADOS

A Don Julián Martí

DANZA ESPAÑOLA
Nº 2
ORIENTAL

TRANSCRIPCION PARA GUITARRA POR
JOSE DE AZPIAZU

E . GRANADOS

A Joaquín Vancells

DANZA ESPAÑOLA
Nº 3

TRANSCRIPCION PARA GUITARRA POR
JOSE DE AZPIAZU

E. GRANADOS

FANDANGO

A T. Tasso

DANZA ESPAÑOLA
Nº 4

VILLANESCA

TRANSCRIPCION PARA GUITARRA POR
JOSE DE AZPIAZU

E . GRANADOS

A Alfredo G. Faria

DANZA ESPAÑOLA
Nº 5

TRANSCRIPCION PARA GUITARRA POR
JOSE DE AZPIAZU

ANDALUZA O PLAYERA

E. GRANADOS

A D. Murillo

DANZA ESPAÑOLA
Nº 6

TRANSCRIPCION PARA GUITARRA POR
JOSE DE AZPIAZU

RONDALLA ARAGONESA

E. GRANADOS

a tempo
dim. poco a poco rit.
rit.
Tempo 1º
poco a poco cresc.
sempre accel. e cresc.
poco più f
cresc. sempre
e animato molto.
sempre più ff e accel.
cresc.

DANZA ESPAÑOLA
Nº 7

TRANSCRIPCION PARA GUITARRA POR
JOSE DE AZPIAZU

E. GRANADOS

CALESERA

DANZA ESPAÑOLA
Nº 8

TRANSCRIPCION PARA GUITARRA POR
JOSE DE AZPIAZU

E . GRANADOS

SARDANA

DANZA ESPAÑOLA
Nº 9

ROMANTICA

TRANSCRIPCION PARA GUITARRA POR
JOSE DE AZPIAZU

E. GRANADOS

A S. A. R. la Infanta Doña Isabel de Borbón

DANZA ESPAÑOLA
Nº 10
MELANCOLICA

TRANSCRIPCION PARA GUITARRA POR
JOSE DE AZPIAZU

E. GRANADOS

DANZA ESPAÑOLA
Nº 11
ARABESCA

TRANSCRIPCION PARA GUITARRA POR
JOSE DE AZPIAZU

E. GRANADOS

DANZA ESPAÑOLA
Nº 12

TRANSCRIPCION PARA GUITARRA POR
JOSE DE AZPIAZU

BOLERO

E. GRANADOS

Molto Andante espressivo

marcato il canto

62